ICS 01.140
A 14
备案号:46028－2014

WH

中华人民共和国文化行业标准

WH/T 68—2014

学位论文元数据规范

Thesis and dissertation metadata specifications

2014－06－12 发布 2014－10－01 实施

中华人民共和国文化部 发布

图书在版编目(CIP)数据

WH/T 68—2014 学位论文元数据规范/中华人民共和国文化部发布. --北京:国家图书馆出版社,2015.12

中华人民共和国文化行业标准

ISBN 978-7-5013-5754-3

Ⅰ.①W… Ⅱ.①中… Ⅲ.①学位论文—数据管理—规范—中国 Ⅳ.①G255.9-65

中国版本图书馆 CIP 数据核字(2015)第 292021 号

书　　名　WH/T 68—2014 学位论文元数据规范

著　　者　中华人民共和国文化部　发布

责任编辑　高　爽　王炳乾

出　　版　国家图书馆出版社(100034　北京市西城区文津街 7 号)

(原书目文献出版社　北京图书馆出版社)

发　　行　010-66114536　66126153　66151313　66175620

66121706(传真),66126156(门市部)

E-mail　nlcpress@ nlc. cn(邮购)

Website　www. nlcpress. com ——→投稿中心

经　　销　新华书店

印　　装　北京科信印刷有限公司

版　　次　2015 年 12 月第 1 版　2015 年 12 月第 1 次印刷

开　　本　889×1194(毫米)　1/16

印　　张　2.25

字　　数　28 千字

书　　号　ISBN 978-7-5013-5754-3

定　　价　20.00 元

目　　次

前　　言

本标准按照 GB/T 1.1—2009 给出的规则起草。

请注意本文件的某些内容可能涉及专利。本文件的发布机构不承担识别这些专利的责任。

本标准由中华人民共和国文化部提出。

本标准由全国图书馆标准化技术委员会(SAC/TC 389)归口。

本标准起草单位:清华大学图书馆、国家图书馆、重庆图书馆。

本标准起草人:赵阳、姜爱蓉、蒋宇弘、张收棉、邓继权。

学位论文元数据规范

1 范围

本标准规定了学位论文资源的范围、著录对象、著录对象间的关系,确立了学位论文资源元数据规范的元素集及扩展规则,并详细定义了元素及其修饰词。

本标准主要是针对学位论文资源的通用性元素进行设计,如需要描述特定类型的元素,可以在本标准元数据框架的基础上进行扩展。

本标准适用于硕士学位论文和博士学位论文。

2 规范性引用文件

下列文件对于本文件的应用是必不可少的。凡是注日期的引用文件,仅注日期的版本适用于本文件。凡是不注日期的引用文件,其最新版本(包括所有的修改单)适用于本文件。

GB/T 2659—2000 世界各国和地区名称代码

GB/T 4880.2—2000 语种名称代码　第2部分:3字母代码

GB/T 6864—2003 中华人民共和国学位代码

GB/T 7408—2005 数据元和交换格式　信息交换　日期和时间表示法

GB/T 18391.3—2009 信息技术　元数据注册系统(MDR)　第3部分:注册系统元模型与基本属性

GB/T 25100—2010 信息与文献　都柏林核心元数据元素集

DCMI Usage Board. DCMI Metadata Terms[EB/OL].[2012-09-21]. http://dublincore.org/documents/dcmi-terms/

T. Berners-Lee, R. Fielding, L. Masinter. Uniform Resource Identifier (URI): Generic Syntax [EB/OL]. [2012-09-21]. http://www.ietf.org/rfc/rfc3986.txt

Library of Congress. Metadata Object Description Schema[EB/OL].[2012-09-21]. http://www.loc.gov/standards/mods/mods-outline.html

3 术语和定义

下列术语和定义适用于本文件。

3.1

DCMI—都柏林核心元数据计划 DCMI-Dublin Core Metadata Initiative

都柏林核心元数据元素集的维护机构。

[GB/T 25100—2010,定义3.1]

3.2

学位论文 thesis;dissertation

论文作者提交的用于其获得学位的文献。

注:thesis 指硕士学位论文;dissertation 指博士学位论文。

3.3

元数据 metadata

定义和描述其他数据的数据。

[GB/T 18391.3—2009,定义 3.2.18]

3.4

描述元数据 descriptive metadata

对信息资源本身的内容、属性、外在特征进行描述的元数据。

3.5

元素 element

元数据集合中用于定义和描述数据的基本单元,由一组属性描述、定义、标识,并允许值限定。

3.6

修饰词 qualifier

当元素无法满足资源对象的精确描述需要时进一步扩展出的术语。修饰词包括两种类型:元素修饰词和编码体系修饰词。

3.7

元素修饰词 element refinement

对元素的语义进行修饰,提高元素的专指性和精确性。

3.8

编码体系修饰词 encoding scheme

用来帮助解析某个术语值的上下文信息和解析规则。其形式包括受控词表、规范表或解析规则。

3.9

规范文档 authority file

说明著录元素内容时依据的各种规范。

3.10

复用 reuse

在元数据应用过程中,对于其他元数据标准中已经有明确定义并适用于本应用领域的元素的直接使用,并在使用时明确标明其地址。

4 学位论文著录

4.1 著录单位

学位论文的著录单位以单篇学位论文实体为主著录。

4.2 著录对象

在电子版、印刷版或者缩微版同时存在的情况下,以电子版的特征为主著录,涉及印刷版或缩微版的特性,可从印刷版或缩微版中提取著录项。在只有电子版学位论文的情况下,只从电子版论文提取著录项。

5 元素集及扩展原则

5.1 元素集

学位论文元数据元素集共16个元素,见表1。如有特别需要,可进行本地扩展。

表1 学位论文元数据元素及修饰词列表

元素	元素修饰词	编码体系修饰词	复用标准
题名			dc:title
	其他题名		dcterms:alternative
创建者			dc:creator
	培养机构		
主题		汉语主题词表(CT) 中国图书馆分类法(CLC) 中国分类主题词表(CCT) 美国国会图书馆主题词表(LCSH) 美国国会图书馆图书分类法(LCC)	dc:subject
描述			dc:description
	目次		dcterms:tableOfContents
	摘要		dcterms:abstract
	成果目录		
	相关资源附注		
	资助		
	研究方向		
其他责任者			dc:contributor
	其他责任者机构		
日期		GB/T 7408—2005	dc:date
	答辩日期		
	学位授予日期		
	提交日期		dcterms:dateSubmitted
	全文可获得日期		dcterms:available
类型		DCMI类型词表(DCMI Type)	dc:type
格式		因特网媒体类型(IMT)	dc:format
	文件大小		dcterms:extent
	页码		
标识符		统一资源标识符(URI) 数字对象唯一标识符(DOI)	dc:identifier

表1 学位论文元数据元素及修饰词列表(续)

元素	元素修饰词	编码体系修饰词	复用标准
来源		URI DOI	dc:source
语种		GB/T 4880.2—2000 RFC4646	dc:language
关联		URI DOI 国际标准书号(ISBN) 国际标准期刊号(ISSN)	dc:relation
	包含		dcterms:hasPart
	包含于		dcterms: isPartOf
	其他版本		dcterms:hasVersion
	原版本		dcterms:isVersionOf
	参照		dcterms:references
	被参照		dcterms:isReferencedBy
	附加资源关联		
时空范围			dc:coverage
	空间范围	DCMI Point GB/T 2659—2000 TGN	dcterms:spatial
	时间范围	GB/T 7408—2005 DCMI Period	dcterms:temporal
权限			dc:rights
	权限声明		
	保密级别		
学位			etdms:thesis. degree
	学科专业	学科/专业目录	
	学位授予单位		
	学位名称	学位名称代码	
	学位级别		
馆藏信息			mods:location
	典藏号		

5.2 扩展原则

5.2.1 现有元数据标准中,如果没有恰当的元素可供复用,允许自行扩展元素。

5.2.2 自行扩展的元素不能和已有的元素有任何语义上的重复。

5.2.3 扩展的修饰词必须遵循向上兼容原则,即修饰词在语义上不能超出被修饰词(元素)的语义。

5.2.4 新增加的元素和修饰词须优先采用 DCMI 中的元素和修饰词,或者是现有其他元数据标准中的元素和修饰词。

5.2.5 新增元素如果复用来自其他元数据标准的元素或修饰词,必须说明来源,使用时严格遵循其语义。

6 元素集及元素定义说明

在本标准中，元素名称为小写英文，当名称为两个或两个以上英文单词时，词间应空格，并保证与其他语种的元数据标准（如DC）应用保持语义一致性；标签为中文，便于人们阅读。

本标准所有元素/修饰词均为非限制性的，如果在特定的项目或应用中使用，可进行必要的扩展，并增加使用说明。本标准中的元素描述及示例中有可能涉及扩展描述。

本标准中的标签只是元素名的一个语义属性，在具体的应用领域，为突出资源的个性和元数据的专指性，更好地体现该元素在具体应用中的语义，允许赋予其适合的标签，但语义上与原始定义不允许有冲突、不允许扩大原始定义的语义。

本标准定义的所有元素与顺序无关。同一元素多次出现，其排序可能是有意义的，但不能保证排序会在任何系统中保存下来。

为了便于理解与使用，每一元素后增加一些示例，说明其具体用法，但元素的使用当不限于示例所举。

为规范元数据标准中元素及修饰词等术语的定义，本标准所有元素术语的定义借鉴DCMI术语的定义方法以及GB/T 18391.3—2009标准，根据实际使用情况，按表2中14个方面进行定义：

表2 学位论文元数据术语定义

序号	属性名	属性定义	约束
1	名称（Name）	赋予术语的唯一标记，一般为英文小写	必备
2	出处（Defined By）	一般给出定义术语（特别是给出术语“名称”与“统一资源标识符”）的来源名称及来源的URI。如无来源名称与URI，也可以是定义术语或维护术语的机构名称。或者也可以是书目引文，指向定义该术语的文献	必备
3	标签（Label）	描述术语的可读标签，一般为中文，可随资源不同选择不同的描述术语	必备
4	定义（Definition）	对术语概念与内涵的说明	必备
5	注释（Comments）	关于术语或其应用的其他说明，如特殊的用法等	可选
6	术语类型（Type of Term）	术语的类型。其值为：元素、元素修饰词和编码体系修饰词	必备
7	限定（Refines）	在定义元素修饰词时，在此明确指出该术语修饰的元素。一般给出所修饰元素的名称，但允许按中文习惯引用其标签，推荐同时给出URI	有则必备
8	元素修饰词（Refined By）	在定义元素时，在此项中给出限定此元素的元素修饰词。一般给出元素修饰词的名称，但允许按中文习惯引用其标签，推荐同时给出URI	有则必备

表 2　学位论文元数据术语定义(续)

序号	属性名	属性定义	约束
9	编码体系应用于(Encoding Scheme For)	在定义编码体系修饰词时,在此给出该术语修饰的元素。一般给出所修饰元素的名称,但允许按中文习惯引用其标签,推荐同时给出 URI	有则必备
10	编码体系修饰词(Encoding Scheme)	在定义元素时,如果元素有编码体系修饰词,在此给出编码体系修饰词,一般给出术语的名称,推荐同时给出 URI	有则必备
11	数据类型(Datatype)	术语允许取值的数据类型	可选
12	版本(Version)	产生该术语的元数据规范版本	可选
13	语言(Language)	说明术语的语言	可选
14	频次范围(Occurrence)	术语使用的频次范围。采用区间的表示方法:[min,max],同时包括了对必备性和最大使用频率的定义。如:min =0 表示可选;min =1 表示必备;max = ∞ 表示最大使用频率没有限制	可选
注:上述 14 个属性可以固定取值的: a)版本:1.0 b)语言:缺省为简体中文 c)数据类型:字符串 d)频次范围:一般不限,为[0,∞),在制订著录规则时应给出实际的范围			

7　元素及其修饰词定义

7.1　元素

7.1.1　题名

名称:title

出处:http://dublincore.org/documents/dces/

标签:题名

定义:由作者赋予学位论文的正式名称。

注释:在学位论文有两种或两种以上语种的题名时,在此著录中文题名。若没有中文题名,应选择与正文语种一致的题名著录。

术语类型:元素

元素修饰词:其他题名(alternative)

示例:

题名:高层混凝土建筑施工期间的可靠性和安全性

7.1.2　创建者

名称:creator

出处:http://dublincore.org/documents/dces/

标签:作者

定义:创建学位论文知识性内容的主要责任者。

注释:一般是学位论文的独立作者。

术语类型:元素

元素修饰词:培养机构(organization)

示例:

创建者:李宁

7.1.3 主题

名称:subject

出处:http://dublincore.org/documents/dces/

标签:主题

定义:学位论文内容的主题描述。

注释:描述学位论文内容的关键词、主题词、分类号。建议从受控词表或规范分类词表中取值。

术语类型:元素

编码体系修饰词:CT;CLC;CCT;LCSH;LCC

示例:

主题:超声检测;相控阵;相位延时;可重构计算

编码体系修饰词:CT

7.1.4 描述

名称:description

出处:http://dublincore.org/documents/dces/

标签:描述

定义:学位论文内容的文本描述。

注释:包括但不局限于论文的目次、摘要等。

术语类型:元素

元素修饰词:目次(table of contents);摘要(abstract);成果目录(achievements list);相关资源附注(description relation);资助(fund);研究方向(research field)

示例:

描述:该论文入选教育部“2010年全国优秀博士学位论文”

7.1.5 其他责任者

名称:contributor

出处:http://dublincore.org/documents/dces/

标签:其他责任者

定义:对学位论文知识性内容做出贡献的其他责任者。

注释:学位论文作者的指导教师。

术语类型:元素

元素修饰词:其他责任者机构(coutributor organization)

示例:

其他责任者:郑君礼

7.1.6 日期

名称:date

出处:http://dublincore.org/documents/dces/

标签:日期

定义:在学位论文生命周期中一个事件的日期。

注释:一般而言,日期应与资源的创建或可获得的日期相关。采用的日期格式应符合 GB/T 7408—2005 标准,建议采用 YYYY - MM - DD 的格式著录。

术语类型:元素

元素修饰词:答辩日期(defense date);学位授予日期(granted);提交日期(submitted);全文可获得日期(available)

编码体系修饰词:GB/T 7408—2005

示例:

日期:2008 - 08 - 08

编码体系修饰词:GB/T 7408—2005

7.1.7 类型

名称:type

出处:http://dublincore.org/documents/dces/

标签:类型

定义:学位论文资源的特征或类型。

注释:类型包括描述资源内容的一般范畴、功能、种属或聚类层次的术语。描述资源的文件格式、物理媒体或尺寸规格,宜采用"format"元素。本标准中,建议将类型缺省取值为"学位论文"。也可根据具体应用采用其他编码体系修饰词,例如:DCMI 类型词表[DCMITYPE]。

术语类型:元素

编码体系修饰词:DCMI 类型词表

示例:

类型:学位论文

7.1.8 格式

名称:format

出处:http://dublincore.org/documents/dces/

标签:格式

定义:学位论文资源的文件格式、物理媒体或尺寸规格。

注释:指学位论文的文件格式、媒体类型或尺寸规格。也可用来标识展示或操作学位论文资源所需的软硬件或其他相应设备。对于电子版学位论文,尺寸规格是文件大小。建议选择受控词表取值,如网络资源媒体类型[MIME]定义的计算机媒体格式。

元素修饰词:文件大小(extent);页码(page)

编码体系修饰词:IMT

示例:

格式:Application/pdf

编码体系修饰词:IMT

7.1.9 标识符

名称:identifier

出处:http://dublincore.org/documents/dces/

标签:标识符

定义:在特定上下文环境中,用来唯一标识一篇学位论文的字符串或数字。

注释:一般采用字符串或数字代码。建议采用符合正式标识体系的字符串进行标识。正式的标识体系包括但不限于URI、DOI等。

术语类型:元素

编码体系修饰词:URI;DOI

示例:

标识符:211030 - ETD/990381

编码体系修饰词:URI(统一资源标识符)

7.1.10 来源

名称:source

出处:http://dublincore.org/documents/dces/

标签:来源

定义:与当前学位论文资源来源有关的资源。

注释:当前学位论文资源可能部分或全部源自来源元素所标识的资源,建议采用符合正式标识体系的字符串进行标识。

术语类型:元素

编码体系修饰词:URI;DOI

示例:

来源:http://www.cnki.net/kcms/detail/detail.aspx? dbcode = CDFD&QueryID = 0&CurRec = 1&dbname = CDFD-LAST2012&filename = 1011280516.nh&uid = WEEvREcwSlJHSldTTGJhYlQ4THhPYS9lYXp5aHFGb3I3UWc5UjZBeDVlbGw1aGNCZzY3RFVaRGU5QTZ0NUxjUQ = =

编码体系修饰词:URI

7.1.11 语种

名称:language

出处:http://dublincore.org/documents/dces/

标签:语种

定义:描述学位论文内容的语种。

注释:建议采用 GB/T 4880.2—2000、RFC 4646,也可采用机构自拟的受控词表进行标识。

术语类型:元素

编码体系修饰词:GB/T 4880.2—2000;RFC 4646

示例:

语种:eng

编码体系修饰词:GB/T 4880.2—2000

7.1.12 关联

名称:relation

出处:http://dublincore.org/documents/dces/

标签:关联

定义:与学位论文相关的参照资源。

注释:建议采用正式的资源标识符系统指向所参照的资源。

术语类型:元素

元素修饰词:包含(has part);包含于(is part of);其他版本(has version);原版本(is version of);参照(references);被参照(is referenced of);附加资源关联(relation of additional resource)。

编码体系修饰词:URI;DOI;ISBN;ISSN

7.1.13 时空范围

名称:coverage

出处:http://dublincore.org/documents/dces/

标签:时空范围

定义:学位论文资源所涉及的空间或时间主题,即资源所适用的空间或资源所辖的范围。

注释:时空范围一般包括空间位置(一个地名或地理坐标)、时间区间(一个时间标签,日期或一个日期范围)或者行政辖区的范围(比如指定的一个行政实体)。推荐时空范围最好是取自于一个受控词表(例如地理名称叙词表[TGN]),并应尽可能地使用由数字表示的坐标或日期区间来描述地名与时间段。

术语类型:元素

元素修饰词:空间范围(spatial);时间范围(temporal)。

7.1.14 权限

名称:rights

出处:http://dublincore.org/documents/dces/

标签:权限

定义:学位论文作者的权利信息,授权使用的信息和约束。

注释:通常指有关学位论文的著作权/版权的声明,或者指学位论文提供服务的授权范围和声明。学位论文的权限包括著作权/版权。如果没有权限声明,则不能对权限管理作任何假设。

术语类型:元素

元素修饰词:权限声明(rights statement);保密级别(security classification)。

示例:

权限:论文全文仅限清华大学校园网范围浏览

7.1.15 学位

名称:degree

出处:http://www.ndltd.org/standards/metadata

标签:学位

定义:与学位论文相关的学位信息。

注释:描述与学位论文相关的学位信息。

术语类型:元素

元素修饰词:学科专业(discipline);学位授予单位(grantor);学位名称(degree title);学位级别(degree level)

示例:

学位:理学博士

7.1.16 馆藏信息

名称:location

出处:http://www.loc.gov/standards/mods/mods-outline.html

标签:馆藏信息

定义:用以标识以物理形式存在的学位论文的可获取位置。

注释:用来标识学位论文以纸本或光盘、磁带等形式存放的馆藏地点,用户可据此找出学位论文。

术语类型:元素

元素修饰词:典藏号(call number)

示例:

馆藏信息:清华大学图书馆特藏阅览室

7.2 元素修饰词

7.2.1 其他题名

名称:alternative

出处:http://purl.org/dc/terms/

标签:其他题名

定义:正式题名之外的其他所有题名。

注释:著录学位论文的翻译题名、缩略题名、并列题名等。

术语类型:元素修饰词

限定:题名(title)

示例:

其他题名:Study on the lacquer art of the Chu Kingdom—several issues

7.2.2 培养机构

名称:organization

出处:国家图书馆学位论文元数据规范与著录规则

标签:培养机构

定义:学位论文作者在学期间所在的机构。

注释:作者攻读学位期间的在学机构。通常用两级机构方式表示,如机构名称、所在的院系或部门等。

术语类型:元素修饰词

限定:创建者(creactor)

示例:

培养机构:清华大学电子工程系

7.2.3 目次

名称:table of contents

出处:http://purl. org/dc/terms/

标签:目次

定义:资源内容的子单元列表。

注释:一般取自学位论文的目次页。

术语类型:元素修饰词

限定:描述(description)

示例:

目次:

第一章 引言 …… 1

1.1 碳纳米管 …… 1

1.2 电化学电容器 …… 12

1.3 问题的提出 …… 19

1.4 主要研究内容及研究路线 …… 20

第二章 实验方法 …… 21

2.1 催化裂解法制备碳纳米管 …… 21

2.2 碳纳米管压制体成型工艺 …… 23

……

7.2.4 摘要

名称:abstract

出处:http://purl. org/dc/terms/

标签:摘要

定义:学位论文内容的简要概述。

注释:学位论文作者撰写的中、外文摘要。

术语类型:元素修饰词

限定:描述(description)

示例:

摘要:本文对外部开放 API 的主要特征进行了分析,发现开放 API 的身份认证方式是影响开放 API 的集成方案的主要因素。本文设计了应用交互平台的总体方案、工作流程,并进行了模块功能的划分……

7.2.5 成果目录

名称:achievements list

出处:国家图书馆学位论文元数据规范与著录规则

标签:成果目录

定义:作者在学期间发表的与学位论文相关的其他学术论文及主要科研成果目录。

术语类型:元素修饰词

限定:描述(desciption)

示例:

成果目录:发表论文

1. 张文雪. 试论大学教师文化建设. 清华大学教育研究,2006(6):26 - 29.

……

7.2.6 相关资源附注

名称:description relation

出处:国家图书馆学位论文元数据规范与著录规则

标签:相关资源附注

定义:与学位论文内容相关而又不属于论文主体的附加材料的说明。

注释:用文字说明与学位论文内容相关的附件,如实验数据、实验报告、多媒体、音频、视频、动画、软件系统等。

术语类型:元素修饰词

限定:描述(description)

示例:

相关资源附注:本论文附有一套演示程序,通过动画演示方式展现房屋的建筑过程。

7.2.7 资助

名称:fund

出处:国家图书馆学位论文元数据规范与著录规则

标签:资助

定义:指学位论文作者参加的基金项目并且所描述的学位论文是该基金项目的研究成果之一。

注释:内容包括基金名称、受资助项目名称及编号。

术语类型:元素修饰词

限定:描述(description)

示例:

资助:国家自然科学基金资助项目,批准号 79170049

7.2.8 研究方向

名称:research field

出处:国家图书馆学位论文元数据规范与著录规则

标签:研究方向

定义:指学位论文作者所从事的研究方向。

术语类型:元素修饰词

限定:描述(description)

示例:

研究方向:决策理论与方法(管理科学与工程学科)

7.2.9 其他责任者机构

名称:contributor organization

出处:国家图书馆学位论文元数据规范与著录规则

标签:其他责任者机构

定义:学位论文作者的导师所在的机构名称。

注释:机构通常用两级机构方式表示,如机构名称、所在的院系或部门。

术语类型:元素修饰词

限定:其他责任者(contributor)

示例:

其他责任者机构:清华大学电子工程系

7.2.10 答辩日期

名称:defense date

出处:国家图书馆学位论文元数据规范与著录规则

标签:答辩日期

定义:学位论文的正式答辩日期。

术语类型:元素修饰词

限定:日期(date)

编码体系修饰词:GB/T 7408—2005

示例:

答辩日期:2003-06-01

编码体系修饰词:GB/T 7408—2005

7.2.11 学位授予日期

名称:granted

出处:国家图书馆学位论文元数据规范与著录规则

标签:学位授予日期

定义:学位授予单位为作者授予学位的日期。

术语类型:元素修饰词

限定:日期(date)

编码体系修饰词:GB/T 7408—2005

示例:

学位授予日期:2010 - 07 - 09

编码体系修饰词:GB/T 7408—2005

7.2.12 提交日期

名称:submitted

出处:http://purl.org/dc/terms/

标签:提交日期

定义:提交电子版学位论文给学位授予单位存档的日期。

术语类型:元素修饰词

限定:日期(date)

编码体系修饰词:GB/T 7408—2005

示例:

提交日期:2003 - 06 - 09

编码体系修饰词:GB/T 7408—2005

7.2.13 全文可获得日期

名称:available

出处:http://purl.org/dc/terms/

标签:全文可获得日期

定义:电子版学位论文全文可获得的日期。

术语类型:元素修饰词

限定:日期(date)

编码体系修饰词:GB/T 7408—2005

示例:

全文可获得日期:2003 - 12 - 09

编码体系修饰词:GB/T 7408—2005

7.2.14 文件大小

名称:extent

出处:http://purl.org/dc/terms/

标签:文件大小

定义:电子版学位论文的文件字节数。

注释:对于电子版学位论文,指论文文件的字节数。

术语类型:元素修饰词

限定:格式(format)

示例:

文件大小:250MB

7.2.15 页码

名称:page

出处:国家图书馆学位论文元数据规范与著录规则

标签:页码

定义:学位论文的总页数。

术语类型:元素修饰词

限定:格式

示例:

页码:108

7.2.16 包含

名称:has part

出处:http://purl.org/dc/terms/

标签:包含

定义:说明学位论文资源在物理上或逻辑上包含了另一资源。

术语类型:元素修饰词

限定:关联(relation)

编码体系修饰词:URI;DOI;ISSN;ISBN

示例:

包含:面向海量信息管理的网络化存储研究综述

http://epub.cnki.net/kns/detail/detail.aspx? QueryID = 0&CurRec = 1&recid = &FileName = ZJSS200208001054(编码体系 = URI)

(博士论文"面向海量数字资源管理的 FC - SAN 性能分析与监测"包含会议论文"面向海量信息管理的网络化存储研究综述")

7.2.17 包含于

名称:is part of

出处:http://purl.org/dc/terms/

标签:包含于

定义:所描述的学位论文是另一资源的物理或逻辑组成部分。

术语类型:元素修饰词

限定:关联(relation)

编码体系修饰词:URI;DOI;ISSN;ISBN

示例:

包含于:纳米网络粒子的结构设计及原位形成

http://www.nsfc.gov.cn/nsfc/cen/nami/htm/59973004.htm(编码体系 = URI)

(博士论文"纳米网络粒子的结构研究"是国家自然科学基金项目"纳米网络粒子的结构设计及原位形成"课题的一

部分)

7.2.18 其他版本

名称:has version

出处:http://purl.org/dc/terms/

标签:其他版本

定义:所描述的学位论文有其他版本或者有节略版。

术语类型:元素修饰词

限定:关联(relation)

编码体系修饰词:URI;DOI;ISSN;ISBN

示例:

其他版本:法典编纂论:一个比较法的视角(由博士论文编辑出版的图书)

7-302-05909-8(编码体系 = ISBN)

7.2.19 原版本

名称:is version of

出处:http://purl.org/dc/terms/

标签:原版本

定义:说明另一资源是本学位论文资源的原版本。

术语类型:元素修饰词

限定:关联(relation)

编码体系修饰词:URI;DOI;ISSN;ISBN

示例:

原版本:低熵匹配块运动估计算法及硬件结构研究(是博士论文的原版本)

urn:calis:7805998765(编码体系 = DOI)

7.2.20 参照

名称:references

出处:http://purl.org/dc/terms/

标签:参照

定义:所描述的学位论文参考、引用或者指向了另一资源。

术语类型:元素修饰词

限定:关联(relation)

编码体系修饰词:URI;DOI;ISSN;ISBN

示例:

参照:

[1] Brav A, Gompers P A. 2003. The role of lockups in initial public offerings[J]. Review of Financial Studies. 16(1): 1-29

[2] Cao C, Field LC, Hanka GR. 2005. Does insider trading impair market liquidity? Evidence from IPO lockup expirations [J]. Journal of Financial and Quantitative Analysis. 78(1): 1073-1109

……

7.2.21 被参照

名称:is referenced by

出处:Dublin Core Terms:http://purl.org/dc/terms/

标签:被参照

定义:所描述的学位论文被某一资源参考、引用或者指向。

术语类型:元素修饰词

限定:关联(relation)

编码体系修饰词:URI;DOI;ISSN;ISBN

示例:

被参照:合纳米二氧化硅在生物医药方面的应用研究进展(学位论文被该篇期刊论文参照)

http://d.wanfangdata.com.cn/Periodical_gdhg201012027.aspx(编码体系 = URI)

7.2.22 附加资源关联

名称:relation of additional resource

出处:国家图书馆学位论文元数据规范与著录规则

标签:附加资源关联

定义:与学位论文相关的附加资源。

注释:包括与学位论文相关的实验数据、实验报告、多媒体、音频、视频、动画、软件系统等附加资源。

术语类型:元素修饰词

限定:关联(relation)

编码体系修饰词:URI;DOI;ISSN;ISBN

示例:

附加资源关联:SDH 设备时钟实现演示程序(学位论文内容的附件)

urn:calis:7805909199(编码体系 = DOI)

7.2.23 空间范围

名称:spatial

出处:http://purl.org/dc/terms/

标签:空间范围

定义:学位论文资源知识内容涉及的空间特征。

注释:建议地点的表达采用受控的词汇。

术语类型:元素修饰词

限定:时空范围(coverage)

编码体系修饰词:point;GB/T 2659—2000;TGN

示例:

空间范围:name = Paris;east = 2.20;north = −48.52(编码体系 = Point)

编码体系修饰词:point

7.2.24 时间范围

名称:temporal

出处:http://purl.org/dc/terms/

标签:时间范围

定义:学位论文资源知识内容涉及的时间特征。

注释:建议时间的表达采用受控词汇。

术语类型:元素修饰词

限定:时空范围(coverage)

编码体系修饰词:period;GB/T7408—2005

示例:

时间范围:name = 第一次世界大战;start:1914;end:1918(编码体系 = DCMI Period)

编码体系修饰词:period

7.2.25 权限声明

名称:rights statement

出处:国家图书馆学位论文元数据规范与著录规则

标签:权限声明

定义:学位论文权限的文字声明。

注释:可包括拥有权限和使用权限。

术语类型:元素修饰词

限定:权限(rights)

示例:

权限声明:本人完全了解清华大学有关保留、使用学位论文的规定,即:学校有权保留送交论文的复印件,允许论文被查阅和借阅;学校可以公布论文的全部或部分内容,可以采用影印、缩印或其他复制手段保存论文。

7.2.26 保密级别

名称:security classification

出处:国家图书馆学位论文元数据规范与著录规则

标签:保密级别

定义:学位论文的保密级别。

注释:包括公开、内部、秘密、机密、绝密等。

术语类型:元素修饰词

限定:权限(rights)

示例:

保密级别:公开

7.2.27 学科专业

名称:discipline

出处:国家图书馆学位论文元数据规范与著录规则

标签:学科专业

定义:学位授权的学科专业。

注释:可用于教育管理机构对特定学位授权的学科专业论文进行分类统计以及关于资源内容的导航。学科通常用三级方式表示:学科门类、一级学科、二级学科。

术语类型:元素修饰词

限定:学位(degree)

编码体系修饰词:学科/专业目录

示例:

学科专业:理学—数学—基础数学

编码体系修饰词:学科/专业目录

7.2.28 学位授予单位

名称:grantor

出处:国家图书馆学位论文元数据规范与著录规则

标签:学位授予单位

定义:学位授予权单位的正式名称。

注释:经国务院批准,由国务院学位委员会下达的、有学位授予权单位的正式名称。高等学校一律以校为学位授予单位;中国科学院以及中国社会科学院以研究生院为学位授予单位;国务院各部委所属科研机构,一般以研究院为学位授予单位。

术语类型:元素修饰词

限定:学位(degree)

示例:

学位授予单位:清华大学

7.2.29 学位名称

名称:degree title

出处:国家图书馆学位论文元数据规范与著录规则

标签:学位名称

定义:学位论文作者获得的学位名称。

注释:学位授予单位依据所描述的学位论文授予的学位名称。

术语类型:元素修饰词

限定:学位(degree)

编码体系修饰词:学位名称代码

示例:

学位名称:工学硕士

编码体系修饰词:学位名称代码

7.2.30 学位级别

名称:degree level

出处:国家图书馆学位论文元数据规范与著录规则

标签:学位级别

定义:学位论文作者获得的学位级别。

注释:包括硕士、博士。

术语类型:元素修饰词

限定:学位(degree)

示例:

学位级别:硕士

7.2.31 典藏号

名称:call number

出处:国家图书馆学位论文元数据规范与著录规则

标签:典藏号

定义:为了检索和排架的需要给予物理形式存在的学位论文的一个特定号码。

术语类型:元素修饰词

限定:馆藏信息(location)

示例:

典藏号:D-2003-020105-001

7.3 编码体系修饰词

7.3.1 汉语主题词表

名称:CT

出处:中国科学技术情报研究所,北京图书馆.汉语主题词表.北京:科学技术文献出版社,1979

标签:汉语主题词表

定义:汉语主题词表。

术语类型:编码体系修饰词

编码体系应用于:主题(subject)

示例:

主题:集合

编码体系修饰词:CT

7.3.2 中国图书馆分类法

名称:CLC

出处:国家图书馆.中国图书馆分类法.第5版.北京:国家图书馆出版社,2010

标签:中国图书馆分类法

定义:中国图书馆分类法。

术语类型:编码体系修饰词

编码体系应用于:主题(subject)

示例：

主题：J647.43

编码体系修饰词：CLC

7.3.3 中国分类主题词表

名称：CCT

出处：中国图书馆分类法编辑委员会. 中国分类主题词表. 第2版. 北京：北京图书馆出版社，2005

标签：中国分类主题词表

定义：中国分类主题词表。

术语类型：编码体系修饰词

编码体系应用于：主题（subject）

示例：

主题：活塞式内燃机

编码体系修饰词：CCT

7.3.4 美国国会图书馆主题词表

名称：LCSH

出处：http://classificationweb.net/

标签：美国国会图书馆主题词表

定义：美国国会图书馆主题词表。

术语类型：编码体系修饰词

编码体系应用于：主题（subject）

示例：

主题：Clarinet and piano music

编码体系修饰词：LCSH

7.3.5 美国国会图书馆图书分类法

名称：LCC

出处：http://classificationweb.net/

标签：美国国会图书馆分类法

定义：美国国会图书馆分类法。

术语类型：编码体系修饰词

编码体系应用于：主题（subject）

示例：

主题：SDS05267

编码体系修饰词：LCC

7.3.6 GB/T 7408—2005

名称：GB/T 7408—2005

出处：GB/T 7408—2005 数据元和交换格式 信息交换 日期和时间表示法

标签:GB/T 7408—2005

定义:GB/T 7408—2005 标准中在信息交换中所涉及的日期和时间表示法。

术语类型:编码体系修饰词

编码体系应用于:日期(date);答辩日期(defense date);学位授予日期(granted);提交日期(submitted);全文可获得日期(available)

示例:

答辩日期:2009 - 10 - 10

编码体系修饰词:GB/T7408—2005

7.3.7 DCMI 类型词表

名称:DCMIType

出处:http://purl.org/dc/terms/

标签:DCMI 类型词表

定义:用来对资源内容的性质或种类进行分类的类型词汇列表。

注释:一般是特定应用系统内具有唯一识别性的标识符号。

术语类型:编码体系修饰词

编码体系应用于:类型(type)

示例:

类型:text

编码体系修饰词:DCMIType

7.3.8 因特网媒体类型

名称:IMT

出处:http://www.iana.org/assignments/media-types/index.html

标签:因特网媒体类型

定义:资源的因特网媒体类型。

注释:定义了各种计算机媒体格式。

术语类型:编码体系修饰词

编码体系应用于:格式(format)

示例:

媒体:Application/pdf

编码体系修饰词:IMT

7.3.9 统一资源标识符

名称:URI

出处:http://www.ietf.org/rfc/rfc3986.txt

标签:统一资源标识符

定义:统一资源标识符(Uniform Resource Identifiers,简称 URI)。

术语类型:编码体系修饰词

编码体系应用于：标识符（identifer）；来源（source）；关联（relation）；包含（has part）；包含于（is part of）；其他版本（has version）；原版本（is version of）；参照（references）；被参照（is referenced by）；附加资源关联（relation of additional resource）

示例：

标识符：http://www.cnki.net/kcms/detail/detail.aspx? dbcode = CDFD&QueryID = 0&CurRec = 1&dbname = CDFD-LAST2012&filename = 1011280516.nh&uid = WEEvREcwSlJHSldTTGJhYlQ4TH hPYS9lYXp5aHFGb3I3UWc5UjZBe DVlbGw1aGNCZzY3RFVaRGU5QTZ0NUxjUQ = =

编码体系修饰词：URI

7.3.10 数字资源唯一标识符

名称：DOI

出处：http://www.doi.org/doi_handbook/TOC.html

标签：数字资源唯一标识符

定义：数字资源唯一标识符（Digital Object Identifier，简称 DOI）。

术语类型：编码体系修饰词

编码体系应用于：标识符（identifer）；来源（source）；关联（relation）；包含（has part）；包含于（is part of）；其他版本（has version）；原版本（is version of）；参照（references）；被参照（is referenced by）；附加资源关联（relation of additional resource）

示例：

标识符：10.1234/567810.23989

编码体系修饰词：DOI

7.3.11 国际标准书号

名称：ISBN

出处：http://www.isbn.org/standards/home/isbn/international/index.asp

标签：国际标准书号

定义：国际标准书号（International Standard Book Number，简称 ISBN）。

术语类型：编码体系修饰词

编码体系应用于：关联（relation）；包含（has part）；包含于（is part of）；其他版本（has version）；原版本（is version of）；参照（references）；被参照（is referenced by）；附加资源关联（relation of additional resource）

示例：

标识符：7 -7991 -0161 - X

编码体系修饰词：ISBN

7.3.12 国际标准期刊号

名称：ISSN

出处：http://www.issn.org

标签：国际标准期刊号

定义:International Standard Serial Number 的缩写,国际标准期刊号的简称。

注释:国际上分配给正式连续出版物(期刊、报纸等)的具有识别性的代码。

术语类型:编码体系修饰词

编码体系应用于:关联(relation);包含(has part);包含于(is part of);其他版本(has version);原版本(is version of);参照(references);被参照(is referenced by);附加资源关联(relation of additional resource)

示例:

标识符:1672 - 5085

编码体系修饰词:ISSN

7.3.13 RFC4646

名称:RFC4646

出处:http://www.ietf.org/rfc/rfc4646.txt

标签:RFC 4646 语种识别标签集合

定义:根据 RFC 4646 确定的语种识别标签集合。

术语类型:编码体系修饰词

编码体系应用于:语种(language)

示例:

语种:en

编码体系修饰词:RFC4646

7.3.14 GB/T 4880.2—2000

名称:GB/T 4880.2—2000

出处:GB/T 4880.2—2000 语种名称代码 第 2 部分:3 字母代码

标签:GB/T 4880.2—2000

定义:GB/T 4880.2—2000 标准中的 3 字母语种识别代码。

术语类型:编码体系修饰词

编码体系应用于:语种(language)

示例:

语种:chi

编码体系修饰词:GB/T 4880.2—2000

7.3.15 DCMIPoint

名称:point

出处:http://purl.org/dc/terms/

标签:DCMI Point

定义:DCMI 地理位置,用地理坐标值来指明地点。

术语类型:编码体系修饰词

编码体系应用于:空间范围(spatial)

示例：

空间范围：name = Perth, W. A.; east = 115.85717; north = -31.95301

编码体系修饰词：Point

7.3.16 GB/T 2659—2000

名称：GB/T 2659—2000

出处：GB/T 2659—2000 世界各国和地区名称代码

标签：GB/T 2659—2000

定义：GB/T 2659—2000 标准中的国家和地区代码。

术语类型：编码体系修饰词

编码体系应用于：空间范围（spatial）

示例：

空间范围：CN

编码体系修饰词：GB/T2659—2000

7.3.17 TGN

名称：TGN

出处：http://www.getty.edu/research/tools/vocabulary/tgn/index.html

标签：TGN

定义：Getty 地理名称叙词表。

术语类型：编码体系修饰词

编码体系应用于：空间范围（spatial）

示例：

空间范围：Nanjing(inhabited place)(World, Asia, China, Jiangsu)[7001892]

编码体系修饰词：TGN

7.3.18 DCMIPeriod

名称：period

出处：http://purl.org/dc/terms/

标签：DCMI Period

定义：表示时间间隔的一种方法。

术语类型：编码体系修饰词

编码体系应用于：时间范围（temporal）

示例：

时间范围：name = The Great Depression; start = 1929; end = 1939;

编码体系修饰词：period

7.3.19 学科/专业目录

名称：discipline list

出处：学位授予和人才培养学科目录（2011 年）. http://www.moe.edu.cn/ewebeditor/uploadfile/

20110401155223935. doc

标签:学科/专业目录

定义:学位论文所属学科、专业的受控主题词表,主要指我国教育部颁发的《学位授予和人才培养学科目录(2011 年)》。

注释:可用于学位论文的导航。

术语类型:编码体系修饰词

编码体系应用于:学科专业(discipline)

示例:

学科专业:理学—数学—基础数学

编码体系修饰词:学科/专业目录

7.3.20 学位名称代码

名称:degree code

出处:国标 GB/T 6864—2003《中华人民共和国学位代码》

标签:学位名称代码

定义:依据 GB/T6864 的规定赋予学位论文的识别性代码。

术语类型:编码体系修饰词

编码体系应用于:学位名称(degree title)

示例:

学位名称代码:207(理学博士)

编码体系修饰词:学位名称代码

参考文献

[1] 肖珑.国家图书馆元数据应用总则规范汇编[M].北京:国家图书馆出版社,2011

[2] 姚蓉,方怡.学位论文编目实用指南[M].北京:北京图书馆出版社(今国家图书馆出版社),2007

[3] 肖珑,赵亮.中文元数据概论与实例[M].北京:北京图书馆出版社(今国家图书馆出版社),2007

ISBN 978-7-5013-5754-3

定价：20.00 元

ICS 01. 140
A 14
备案号:36940 - 2012

WH

中华人民共和国文化行业标准

WH/T 46—2012

图像数据加工规范

Image Data Reformatting and Transferring Specification and Guideline

2012 - 10 - 25 发布　　2012 - 12 - 01 实施

中华人民共和国文化部　发布

图书在版编目(CIP)数据

WH/T 46—2012 图像数据加工规范/中华人民共和国文化部发布. —北京:国家图书馆出版社,2013.4

ISBN 978-7-5013-5046-9

Ⅰ.①W… Ⅱ.①中… Ⅲ.①图像—数据管理—规范—中国 Ⅳ.①G276-65

中国版本图书馆 CIP 数据核字(2013)第 054512 号

责任编辑:金丽萍

书名 WH/T 46—2012 图像数据加工规范

著者 中华人民共和国文化部 发布

出版 国家图书馆出版社(100034 北京市西城区文津街 7 号)

(原北京图书馆出版社)

发行 010-66114536 66126153 66151313 66175620

66121706(传真) 66126156(门市部)

E-mail btsfxb@nlc.gov.cn(邮购)

Website www.nlcpress.com→投稿中心

经销 新华书店

印刷 北京科信印刷有限公司

开本 889×1194(毫米) 1/16

印张 1.25

版次 2013 年 4 月第 1 版 2013 年 4 月第 1 次印刷

字数 25 千字

书号 ISBN 978-7-5013-5046-9

定价 20.00 元